AF372696

1ᵉʳ décembre 1868

TABLEAUX ANCIENS

EN PARTIE DE L'ÉCOLE FRANÇAISE

Exemplaire de Basse...

COLLECTION

DE

M. le Comte de C*** d'A...

VENTE

LE MARDI 1ᵉʳ DÉCEMBRE 1868

EXPOSITIONS

PARTICULIÈRE : le Dimanche 29 Novembre 1868
PUBLIQUE : le Lundi 30 Novembre 1868

PARIS — 1868

RENOU & MAULDE

IMPRIMEURS DE LA COMPAGNIE DES COMMISSAIRES-PRISEURS

Rue de Rivoli, 144.

CATALOGUE

D'UNE INTÉRESSANTE COLLECTION

DE

TABLEAUX

ANCIENS

En partie de l'École française

COMPOSANT LE CABINET

De M. le Comte de C*** d'A...

DONT LA VENTE AURA LIEU

HOTEL DROUOT, SALLE N° 3

AU PREMIER ÉTAGE

Le Mardi 1er Décembre 1868

A DEUX HEURES ET DEMIE

Par le ministère de Me **COUTURIER**, Commissaire-Priseur,
demeurant à Paris, rue Drouot, 21,

Assisté de M. **ÉMILE BARRE**, Expert, demeurant à Paris,
rue de la Chaussée-d'Antin, 20

Chez lesquels se distribue le présent Catalogue

EXPOSITIONS

PARTICULIÈRE : le Dimanche 29 Novembre 1868,

DE UNE HEURE A CINQ HEURES

PUBLIQUE : le Lundi 30 Novembre 1868, veille de la Vente.

PARIS — 1868

CONDITIONS DE LA VENTE

Elle sera faite au comptant.

Les Acquéreurs paieront CINQ POUR CENT en sus du prix d'adjudication.

Cette charmante Collection, qui se compose d'environ 60 Tableaux, se recommande par le choix et le goût qui a présidé à leur réunion.

En effet, nous y trouvons les noms des maîtres les plus agréables de l'École française, entr'autres BOUCHER, qui y est représenté par plusieurs compositions des plus intéressantes; GREUZE, par une seule mais des plus attrayantes, la Marchande d'huîtres; DROUAIS, par un délicieux Portrait de Mme de Pompadour, et un autre d'un jeune écolier; TRINQUESSE, par deux œuvres dont une a toute la grâce et la fraîcheur d'un tableau de GREUZE; WATTEAU, par une petite Toile connue sous le nom de la Fileuse.

Nous citerons encore les œuvres de Baptiste CHARDIN, HUET, LARGILLIÈRE, LENAIN, SANTERRE, DEMARNE, GÉRICAULT et autres. Dans l'École espagnole, nous ferons remarquer un superbe Portrait de VÉLASQUEZ; dans l'École flamande, de très-belles Natures mortes de SNEYDERS et CUYP, et deux charmants Paysages ornés de figures, de TÉNIERS et BOTH, d'Italie; et, enfin, dans l'École italienne, une Vue de Venise, de CANALETTI, d'un piquant effet.

Nous nous arrêtons à cette simple nomenclature, car il faudrait presque citer particulièrement chaque Tableau de cette agréable Collection.

DÉSIGNATION

DES

TABLEAUX

BOUCHER (Signé FRANÇOIS)

1 — Paysage avec pont rustique et cours d'eau, orné
de figures.

2 — Paysage avec pêcheurs et laveuses.

> Ces deux charmantes compositions d'un ton argentin forment
pendant.

3 — Vénus couchée sur un Dauphin.

4 — Naïade.

> Ces deux gracieuses compositions formant pendant, proviennent
de la collection de M. Paul Périer.

5 — Nymphe assise dans un paysage et tressant une
guirlande de fleurs.

6 — Jeune fille endormie au pied d'un arbre.

7 — Sujet allégorique de l'Amour et de l'Art.

BOUCHER (François)

8 — La Marchande d'œufs.

BAPTISTE (Monnoyer)

9 — Bouquet de fleurs dans un vase de marbre blanc, posé sur une console.

BILCOQ

10 — La Surprise.

BOREL

11 Femme nue, couchée, le bras appuyé sur une corbeille de fleurs renversée.

12 — Nymphe endormie surprise par un satyre.

Ces deux gracieuses compositions forment pendant.

BOTH D'ITALIE (Signé)

13 — Entrée du village d'Amstel.

Sur la route qui traverse le village, on voit des paysans occupés à jouer aux boules.

Composition d'un ton très-harmonieux et d'une précieuse exécution.

BRONZINO

14 — Portrait d'un jeune Prince italien.

Il est représenté la tête couverte d'une toque et vêtu d'un costume noir rayé ; une chaine d'or est passée autour de son cou.

JANET CLOUET

15 — Portrait de François de Scepeaux, maréchal de France sous Henri II.

Il est représenté à mi-corps, coiffé d'une toque et vêtu d'un costume noir à crevés, et porte le collier de l'ordre de Saint-Michel.

16 — Portrait de sa femme.

Elle est vêtue d'un costume noir bordé d'une fourrure grise et coiffée d'une cornette blanche ornée de bijoux.

CHARDIN

17 — Le petit Dessinateur.

Ce tableau a été gravé.

CANALETTI (Antoine)

18 — Vue de l'église des Arméniens à Venise.

CUYLEMBOURG

19 — Le Jugement de Pâris.

CASQUEL

20 — Ancienne vue de Paris, prise de l'hôtel de Nevers
et du Pont-Neuf.

21 — Ancienne vue du port de Dieppe.

Ces deux compositions, d'un fini précieux, sont ornées d'une
grande quantité de figures dont l'exécution rappelle la manière
de Van Blaremberghe.

A. CUYP (Signé)

22 — Nature morte.

Des pommes, des raisins, des noix et divers autres fruits sont
posés sur une table de pierre.

DROUAIS (le fils), signé 1764.

23 — Portrait de Mme de Pompadour.

Elle est représentée à mi-corps, la tête poudrée et coiffée
d'un bonnet de dentelle; elle a les mains dans un manchon de
fourrure blanche, et est vêtue d'une robe à fleurs dont le corsage
est orné de guipure.

Ce charmant portrait de la bonne époque de maître, est signé
et daté.

DROUAIS

24 — Le jeune Écolier.
Ce tableau a été gravé.

DEMARNE

25 — Vue d'une plage de Normandie à marée basse.

VAN DELEN

26 — Palais d'une riche architecture, orné de personnages
en costume de l'époque de Louis XIII.

J.-B. GREUZE

27 — La Marchande d'huîtres.

> Une jeune femme, d'une fraîche et charmante figure, vêtue
> d'un gracieux costume de l'époque Louis XVI, est assise sous une
> tente entourée de tonneaux contenant des huîtres, et offre sa
> marchandise de la façon la plus séduisante.

VAN GORP (Signé)

28 — Intérieur d'une famille d'artisans.

GÉRICAULT (THÉODORE)

29 — Tête de lionne furieuse.

30 — Portrait de Bernadotte, roi de Suède.

HOLBEIN

31 — Portrait d'un Savant.

> Il est vêtu d'une houppelande bordée de fourrures, et tient un
> écrit d'une main et une plume de l'autre.

VAN HÉDA

32 — Nature morte.

> Sur une table cachée par une draperie blanche, sont posées diverses pièces d'orfèvrerie, une soucoupe en porcelaine, un citron à demi pelé, et divers accessoires.

HUET

33 — Sujet pastoral.

JULIARD (Élève de Boucher)

34 — Paysage avec chaumière, orné de figures.

JOLLAIN (Signé 1772)

35 — Bacchante couchée et mangeant une grappe de raisin.

LARGILLIERE (Nicolas)

36 — Portrait en pied d'une dame en costume de l'époque de Louis XIV.

> Elle est représentée sous les traits de la déesse Flore; Zéphyr et les Amours lui présentent des fleurs et des fruits.

37 — Autre portrait de dame.

> Elle est représentée sous les traits d'Erigone; autour d'elle des Amours lui offr nt des grappes de raisin.

LEDOUX (Mlle)

38 — Tête de Paysanne.

LENAIN

39 — Le Vieux Berger.

> Il est assis sur un tertre, près de lui et debout, sa femme et son enfant.

LEMOINE

40 — Femme nue assise, sortant du bain.

GUILLAUME MIÉRIS

41 — Le Repos de Diane.

NATOIRE

42 — La Colère de Neptune.

POELEMBURG (Corneille)

43 — Sujet allégorique ayant trait à la fondation de Rome.

PARROCEL

44 — Entrée d'une armée tartare dans une ville d'Orient.

Ce tableau, d'une magique couleur, rappelle les œuvres de Vélasquez.

RAOUX

45 — Les petits Espiègles.

Un jeune garçon approche de la joue d'un de ses camarades endormi, un cornet enflammé, pendant que les autres regardent ce spectacle avec curiosité.

46 — L'Heureux âge.

Un jeune garçon est assis sur une chaise, d'autres se tiennent debout derrière lui et regardent ce qui se passe.
Ces deux tableaux forment pendant.

SAUVAGE (Signé)

47 — L'Éducation de l'Amour.

48 — Bacchanale d'Amours.

Ces deux compositions, imitant des bas-reliefs de Clodion, en bronze, forment pendant.

P. SCHYNDEL (Signé)

49 — Intérieur d'École de village.

50 — La Main-Chaude.

Ces deux agréables compositions forment pendant.

SNEYDERS (François)

51 — Nature morte.

Sur une table, recouverte d'un tapis rouge, se trouvent un panier rempli de raisins, un chevreuil, des faisans et des perdreaux. Derrière la table on aperçoit un homme, en costume Louis XIII, tenant les pattes du chevreuil dont la tête pend le long de la draperie.

SANTERRE

52 — Portrait de dame en costume noir, de l'époque de Louis XIV.

Elle soulève avec sa canne une draperie qui lui couvre la tête.

53 — Portrait de dame en gracieux costume de la même époque, la tête coiffée d'une toque ornée de plumes.

Elle tient une lettre dans les mains.

TRINQUESSE (Signé 1787)

54 — Portrait de jeune Fille.

Elle est représentée tête nue et une fleur dans les cheveux ; sur sa gorge, à demi découverte, elle retient un bouquet de roses.

TRINQUESSE (Signé)

55 — Portrait de la Princesse de Polignac.

Elle est représentée assise, le bras appuyé sur un coussin posé sur une table.

TÉNIERS (David)

56 — Les Joueurs de boule.

Paysage, effet du matin.

VÉLASQUEZ (Da Sylva)

57 — Portrait du révérend Ignace Spinola, archevêque espagnol.

Il est représenté tête nue, portant la barbiche et la moustache, et est vêtu d'un camail blanc recouvert d'un manteau noir.
Ce tableau ainsi que l'indique une inscription placée au bas, a été peint en 1670.

VALIN

58 — Femme nue couchée sur une peau de tigre dans un paysage et tenant un bouquet à la main.

VAN AALST et VAN DER NEER

59 — Paysage avec effet de lune dans une bordure entouré d'une guirlande de fleurs.

WATTEAU (Antoine)

60 — La Fileuse.

Une jeune paysanne se promène dans la campagne en filant une quenouille.

Renou et Maulde, rue de Rivoli, 144.   19125

www.ingramcontent.com/pod-product-compliance
Lightning Source LLC
Chambersburg PA
CBHW071305130726
47998CB00003B/1345